Avec la participation de Susana Sánchez
du Centre de Langue et Culture Espagnole
et Latino-américaine.

ISBN : 2.215.030.60.7


Dépôt légal septembre 1993
Imprimé en France

Imprimé et relié en C.E.E.
par *Partenaires-Livres*®

# L'imagerie Français Espagnol

**Images de :**

Yvette Barbetti – Christian Galinet – Héliadore
Bruno Le Sourd – Michel Loppé –
Frankie Merlier – Geneviève Monjaret – Aline Riquier
Catherine Siegel

Illustration des doubles pages :
Philip Horton - Tricia Lengyel

**Traduction de :**

Sogedicom

FLEURUS ENFANTS

ÉDITIONS FLEURUS, 11, rue Duguay-Trouin 75006 PARIS

Que met-on sur le pain pour le goûter ?

Que fait-on avec des fruits et du sucre ?

mantequilla

du beurre

terrones de azúcar

des morceaux de sucre

un bote de mermelada

un pot de confiture

du chocolat

chocolate

granos de café

des grains de café

Qu'est-ce qui fait mal aux dents si on en mange trop ?

Que mange-t-on avec une petite cuillère ?

un queso fresco
un petit-suisse

un yogur
un yaourt

un huevo
un œuf

un coquetier
una huevera

des sucettes
pirulíes

caramelos
des bonbons

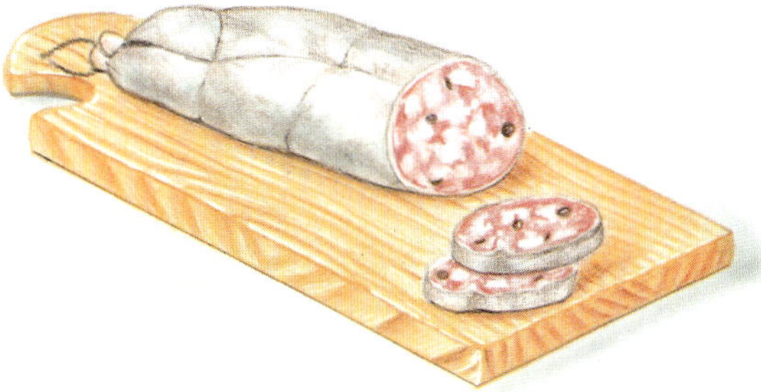

un salchichón
un saucisson

Que trouve-t-on chez
le charcutier ?

paté

un pâté

jamón

du jambon

Que trouve-t-on chez
le boulanger ?

pan

du pain

fideos

des pâtes

Que peut-on faire avec des pommes de terre ?

Montre deux coquillages que l'on trouve au bord de la mer.

puré

de la purée

un pescado

un poisson

patatas fritas

des frites

una ostra

une huître

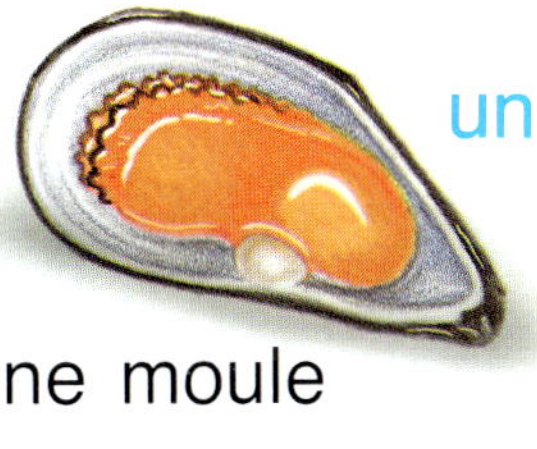

un mejillón

une moule

Que trouve-t-on chez le boucher ?

Que mange-t-on avec du sucre et de la confiture ?

carne

de la viande

quesos

des fromages

un pollo

un poulet

des crêpes

tortitas

barquillos

des gaufres

Qu'est-ce qui est froid et délicieux ?

Quelle pâtisserie se fait avec des fruits ?

un helado

une glace

una rebanada de pan con mermelada

une tartine

una galleta

un biscuit

una tarta

une tarte

Que cueille-t-on sur un pied de vigne ?

Quels fruits peut-on presser pour faire du jus ?

un pastel

un gâteau

un limón

un citron

uvas

du raisin

una naranja

une orange

Quel est le fruit du poirier, du pêcher, du pommier, du prunier ?

Avec le jus de quel fruit fait-on le cidre ?

una pera

une poire

un melocotón

une pêche

una manzana

une pomme

ciruelas

des prunes

Quel fruit pousse sur le mandarinier ?

Quel fruit ne pousse pas sur un arbre ?

un albaricoque

un abricot

un melon

un melón

una mandarina

une mandarine

un pomelo

un pamplemousse

Quels fruits poussent dans les pays très chauds ?

Quel fruit sauvage peut-on trouver au bord des chemins ?

una piña

un ananas

moras

des mûres

un plátano

une banane

frambuesas

des framboises

Dans quel fruit trouve-t-on un noyau ?

Quel est le fruit préféré des écureuils ?

cerezas

des cerises

grosellas

des groseilles

una fresa

une fraise

avellanas

des noisettes

Quel fruit a une coquille très dure ?

Quel légume peut se manger avec les doigts ?

una nuez

une noix

un espárrago

une asperge

aceitunas

des olives

un puerro

un poireau

Quel légume du jardin est violet ?

Quel légume coupe-t-on en rondelles pour le manger ?

un calabacín

une courgette

un pimiento

un poivron

una berenjena

une aubergine

un pepino

un concombre

Avec quel légume fait-on les frites ?

De quel légume mange-t-on les feuilles ?

una patata

une pomme de terre

un tomate

une tomate

una zanahoria

une carotte

una alcachofa

un artichaut

Quel légume a des grains jaunes ?

Quel légume met-on dans un bocal avec du vinaigre ?

una mazorca de maíz

un épi de maïs

guisantes

des petits pois

una judía

un haricot vert

un pepinillo

un cornichon

Quels légumes ont des grosses feuilles vertes ?

Quel légume est petit, rose et blanc ?

un chou-fleur
una coliflor

una lechuga

une salade

un chou
una col

un rábano
un radis

# Dans le jardin

Amusons-nous à retrouver
le plus de choses possible

Qu'est-ce qui fait pleurer quand on l'épluche ?

Qu'est-ce qui peut pousser dans une champignonnière ou dans les bois ?

una cebolla

un oignon

perejil

du persil

un ajo

de l'ail

una seta

un champignon

Sur quoi s'amuse-t-on
à glisser ?

Sur quoi trouve-t-on un trapèze,
une balançoire
et des anneaux ?

una casa

une maison

un pórtico

un portique

un tobogán

un toboggan

un banco

un banc

Que peut-on utiliser pour attraper des objets placés trop haut ?

Dans la cuisine, où range-t-on la vaisselle ?

una escalera

un escalier

un placard

una alacena

una escalera de mano

une échelle

una escalera de tijera

un escabeau

Pour conserver les aliments au frais, dans quoi doit-on les mettre ?

Dans quoi lave-t-on le linge de toute la famille ?

un aspirateur

un aspirador

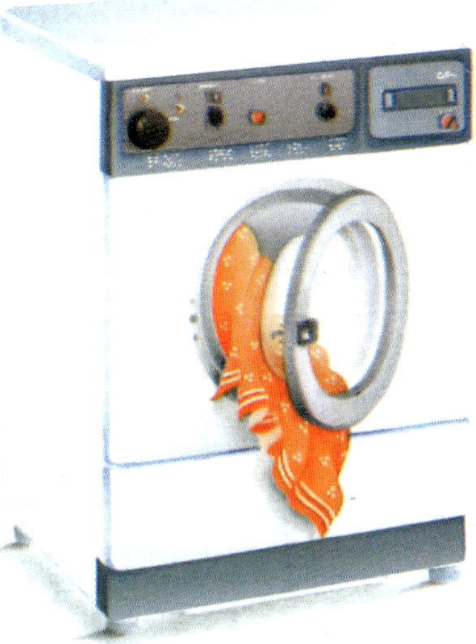

un lave-linge

una lavadora

un réfrigérateur

una nevera

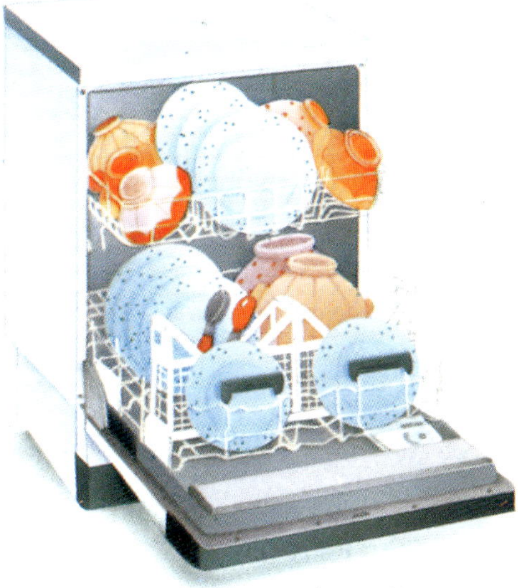

un lave-vaisselle

un lavaplatos

Dans quoi fait-on cuire de bons gâteaux ?

Dans quoi fait-on le café du petit déjeuner ?

una cocina

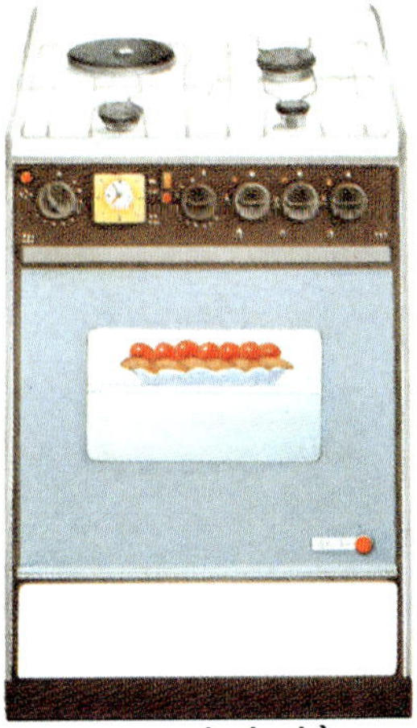

un four

un horno

une cuisinière

un robot doméstico

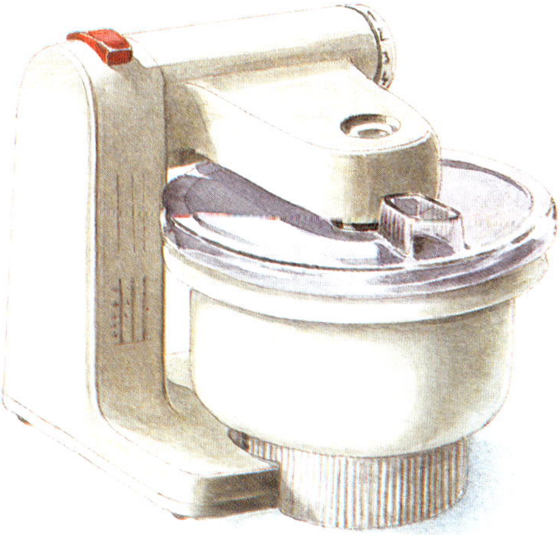

un robot ménager

un fregadero

un évier

una cafetera eléctrica

une cafetière électrique

Avec quoi pèse-t-on la farine pour faire un gros gâteau ?

Dans quoi fait-on cuire le bifteck ?

un tostador de pan

un grille-pain

cacerolas

des casseroles

una balanza

une balance

una sartén

une poêle

Qu'est-ce qui donne de jolies formes aux gâteaux ?

Dans quoi fait-on chauffer les aliments surgelés ?

una olla

une cocotte

una olla a presión

une Cocotte-minute

moldes de pasteles

des moules à gâteaux

un horno de microondas

un four à micro-ondes

Que pose-t-on sur la table quand on met le couvert ?

Dans quoi met-on la sauce pour l'apporter à table ?

una copa

un verre

un plato

une assiette

une petite cuillère

una cucharilla

una cuchara

une grande cuillère

une fourchette

un tenedor

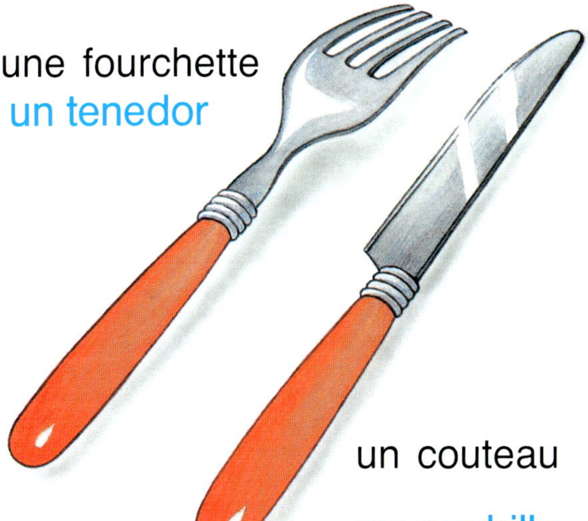

un couteau

un cuchillo

una salsera

une saucière

una fuente

un plat

Dans quoi sert-on la soupe et qu'utilise-t-on pour la verser dans les assiettes ?

Dans quoi prend-on son petit déjeuner ?

una ensaladera

un saladier

un bol

un tazón

una taza

une tasse

un cucharón

une louche

une soupière

una sopera

una tetera

une théière

Dans quoi maman transporte-t-elle les commissions ?

Dans quoi met-on le poivre et le sel ?

una cesta

un panier

una botella

une bouteille

un colador

une passoire

un molinillo de pimienta

un salero

un moulin à poivre

une salière

# Dans la cuisine

Amusons-nous à retrouver
le plus de choses possible

Avec quoi ouvre-t-on une bouteille ?

Qu'utilise-t-on pour allumer le gaz ?

un entonnoir

un embudo

un ovillo de hilo

une pelote de ficelle

un bouchon

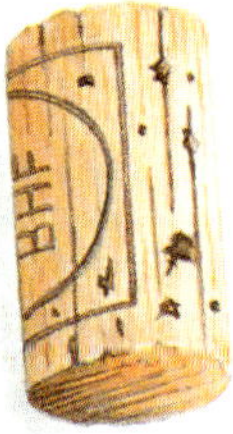

un corcho

un sacacorchos

un tire-bouchon

un décapsuleur

un abrebotellas

un encendedor

un allume-gaz

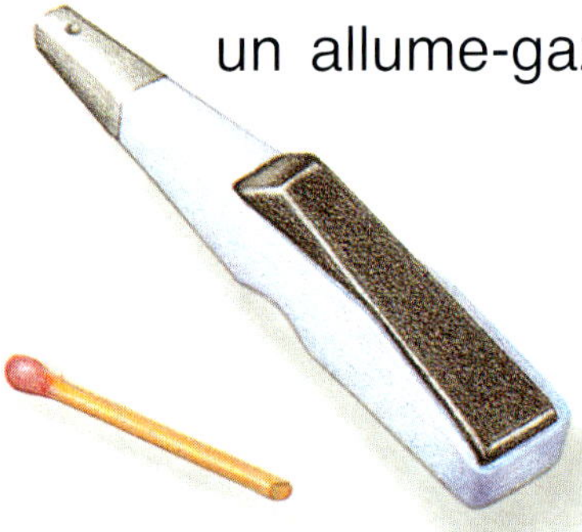

une allumette

una cerilla

Que faut-il pour repasser le linge ?

Dans quoi jette-t-on les ordures ?

una plancha

un fer à repasser

una escoba

une pelle

un balai

un recogedor

una tabla de planchar

une table à repasser

un cubo de basura

une poubelle

Que met-on sur la table pour faire joli ?

Avec quoi attache-t-on le linge pour le faire sécher ?

servilletas

des serviettes de table

une nappe

un mantel

una palangana

une cuvette

un trapo de cocina

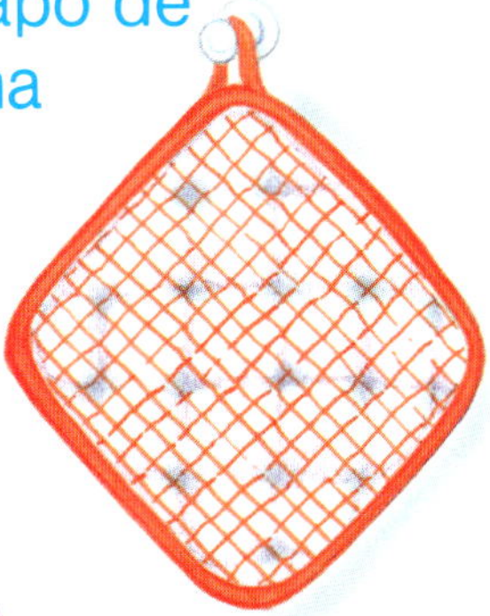

une manique

una manopla

un torchon

un alfiler de la ropa

une pince à linge

Qu'est-ce qui indique l'heure ?

Sur quoi peut-on s'asseoir ?

un reloj de pared

une pendule

una silla

une chaise

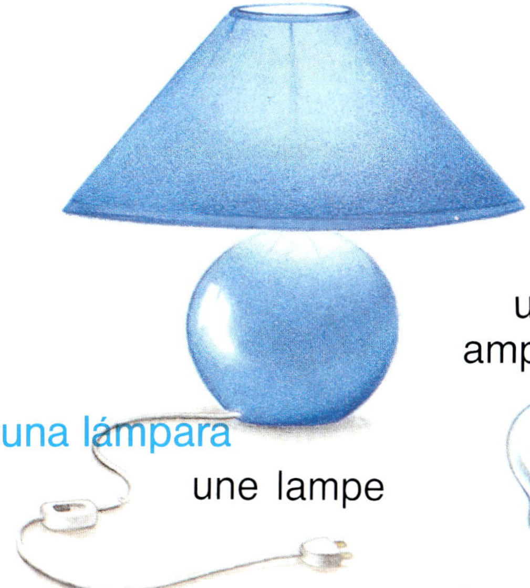

una lámpara

une lampe

une ampoule

una bombilla

un taburete

un tabouret

Dans quel meuble range-t-on les livres ?

Où peut-on s'asseoir pour se reposer ?

una mesa

une table

un sillón

un fauteuil

una biblioteca

une bibliothèque

un sofá

un canapé

Qu'est-ce qui donne de la chaleur dans la maison ?

Dans quoi range-t-on les jouets ?

un radiador

un radiateur

una cómoda

une commode

una alfombra

un tapis

un baúl de juguetes

un coffre à jouets

Que faut-il dans un lit pour bien dormir ?

Dans quel meuble range-t-on les vêtements ?

una almohada
un oreiller

un edredón
une couette

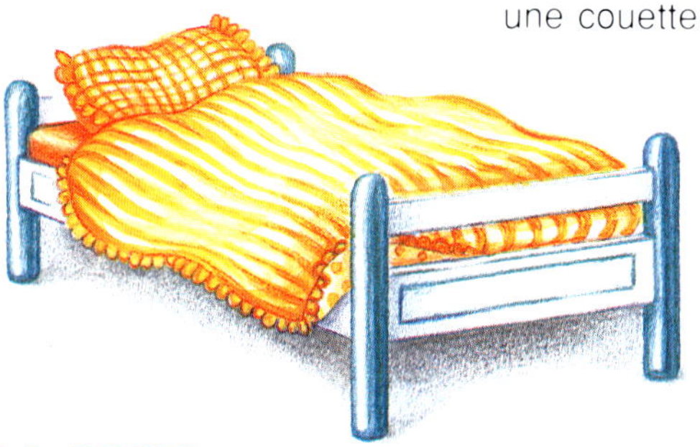

una cama

un lit

une armoire
un armario

una mesilla de noche

une table de chevet

un escritorio

un bureau

Sur quoi met-on bébé pour qu'il fasse pipi ?

Qu'utilise-t-on pour se coiffer ?

un cintre
una percha

une brosse à habits
un cepillo de ropa

un gant
de toilette
una manopla

una toalla

une serviette de toilette

un orinal

un pot de chambre de bébé

une brosse à cheveux
un cepillo de cabello

un peine

un peigne

Avec quoi se lave-t-on les dents tous les matins ?

Qu'utilise-t-on pour faire la toilette ?

un cepillo de uñas

une brosse à ongles

una pastilla de jabón

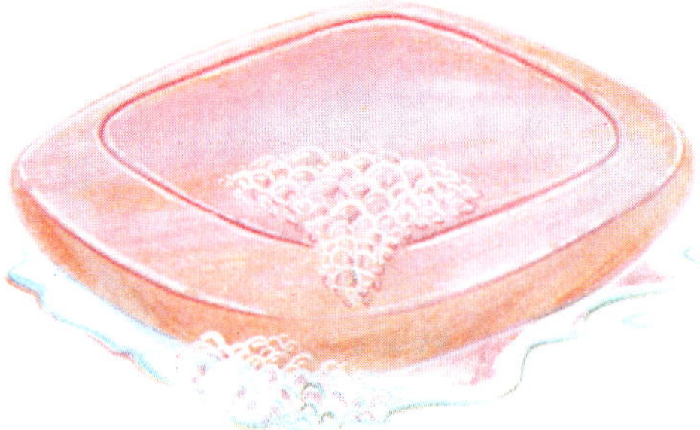

une savonnette

un tubo de dentífrico

un tube de dentifrice

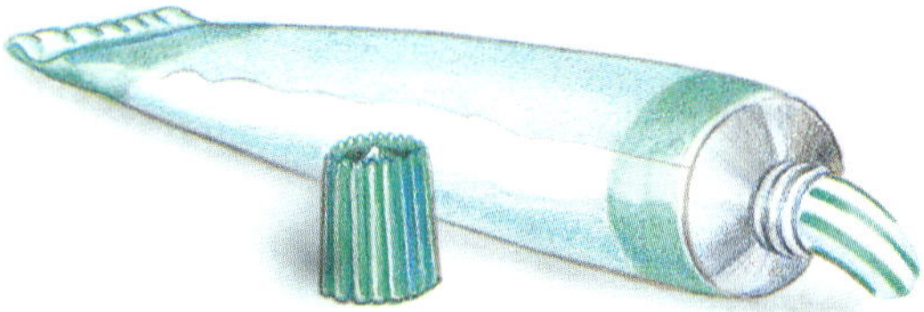

un cepillo de dientes

une brosse à dents

pasadores

des barrettes

Qu'est-ce qui mousse beaucoup quand on lave les cheveux ?

Avec quoi prend-on la température quand on est malade ?

champú

du shampooing

un termómetro

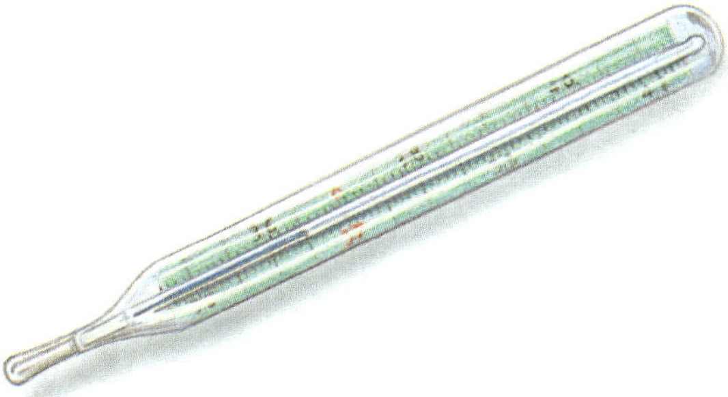

un thermomètre médical

una máquina de afeitar

un rasoir électrique

un secador de cabello

un séchoir à cheveux

Où range-t-on les affaires de toilette ?

Dans quoi prend-on un bain ?

un armario de baño

une armoire de toilette

un lavabo

un lavabo

un tendedero

un séchoir

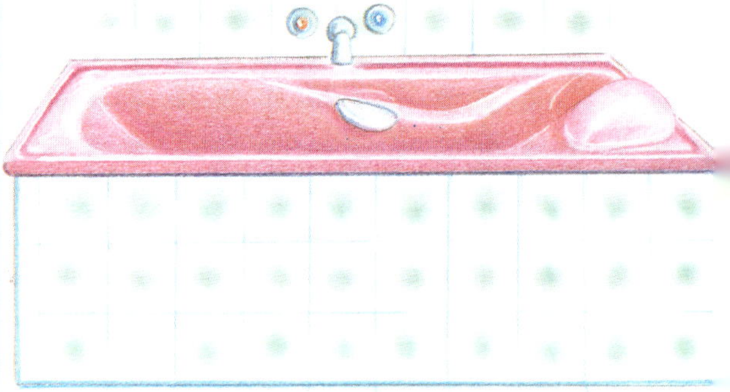

una bañera

une baignoire

Que trouve-t-on dans une salle de bains ?

Que porte-t-on lorsque l'on ne voit pas bien clair ?

un inodoro

une cuvette de w.-c.

un par de gafas

une paire de lunettes

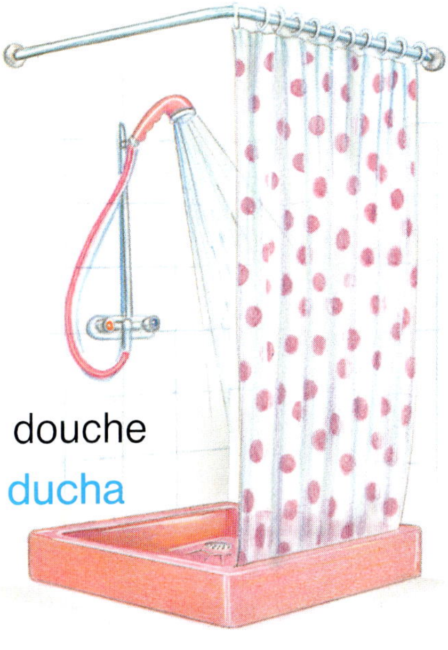

une douche

una ducha

un paraguas

un parapluie

# Dans la chambre

Amusons-nous à retrouver le plus de choses possible

Que peut-on allumer avec un briquet ?

Qu'est-ce qui indique l'heure e
que l'on porte au poignet ?

un puro

un cigare

une cigarette

un cigarrillo

una pipa

une pipe

un encendedor

un briquet

un reloj de pulsera

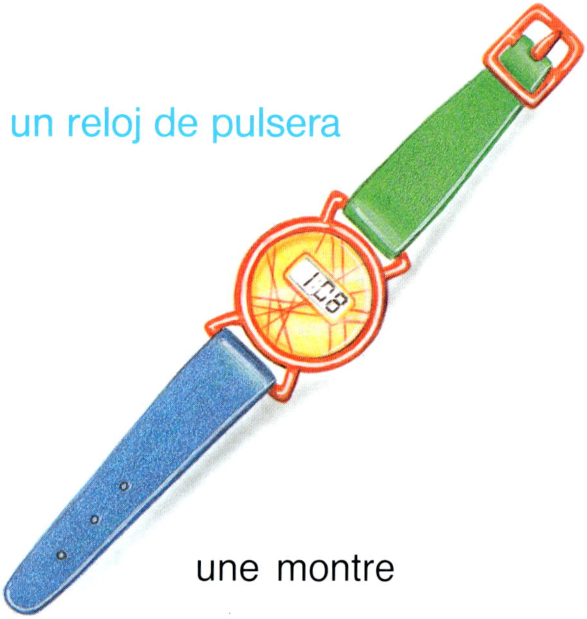

une montre

Dans quoi peut-on lire de belles histoires ?

Dans quoi met-on une lettre avant de la poster ?

un periódico

un journal

una linterna

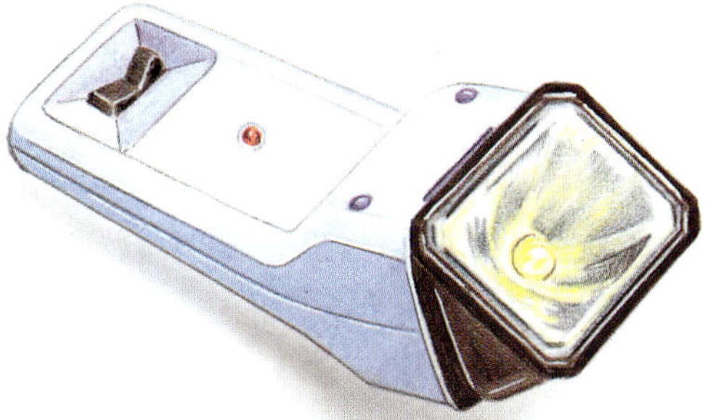

une lampe de poche

un libro

un livre

un sello

un timbre

un sobre

une enveloppe

Qu'est-ce qui sert à ouvrir ou à fermer les serrures des portes ?

Qu'est-ce qui sonne et qui permet de parler à quelqu'un qui est loin ?

llaves

des clés

un cuadro

un tableau

un florero

un vase

un teléfono

un téléphone

Qu'est-ce qui sonne le matin pour nous réveiller à l'heure ?

Dans quoi met-on les vêtements pour partir en voyage ?

un despertador

un réveil

un acuario

un aquarium

una jaula

une cage

una maleta

une valise

Dans quoi peut-on emporter de l'eau pour boire en promenade ?

Quel est le jouet préféré des petites filles ?

une gourde  una cantimplora

una muñeca

une poupée

cubos

des cubes

un ours en peluche

un oso de peluche

Sur quoi peut-on jouer au cow-boy ?

Sur quel jouet peut-on apprendre à pédaler ?

un caballito

un cheval à roulettes

un triciclo

un tricycle

una patineta

une trottinette

títeres

des marionnettes

Avec quoi fait-on tomber les quilles ?

Que met-on à ses pieds pour aller vite ?

une boule
un bolo

des quilles
los palos

patines de ruedas

des patins à roulettes

canicas

des billes

un juego de dardos

un jeu de fléchettes

Qu'utilise-t-on pour donner à manger à la poupée ?

Quel jeu est fait d'une image découpée en morceaux ?

un balón

un ballon

un rompecabezas

un puzzle

una cocina de juguete

une dînette

un álbum

un album

Sur quoi trouve-t-on un carreau, un trèfle, un cœur, un pique ?

Qu'est-ce que l'on fait voler dans le ciel quand il y a du vent ?

naipes

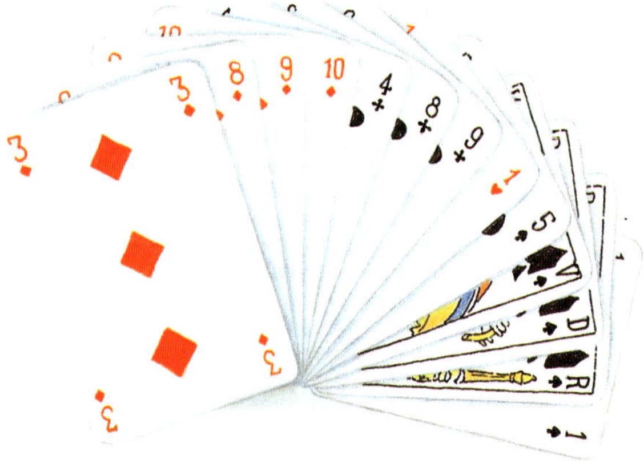

des cartes à jouer

un balde

un seau

una pala

une pelle

una cuerda para saltar

une corde à sauter

una cometa

un cerf-volant

Dans quoi met-on ses affaires pour aller à l'école ?

Avec quoi fait-on de beaux dessins ?

una cartera

un cartable

un lápiz

un crayon

un estuche

une trousse

des crayons de couleur
lápices de colores

Avec quoi peut-on mesurer et tirer des traits ?

Qu'est-ce qui permet d'efface
le dessin sur le papier ?

un rotulador

un crayon-feutre

una goma de borrar

une gomme

una regla

une règle

un sacapuntas

un taille-crayon

Avec quoi écrit-on sur l'ardoise ?

Que faut-il pour peindre un beau dessin en couleurs ?

una pizarra

une ardoise

un cahier

un cuaderno

une éponge

una esponja

une craie

una tiza

un pincel

un pinceau

una caja de pintura

une boîte de peinture

Qu'est-ce qui grossit les objets pour permettre de mieux les voir ?

Dans quoi promène-t-on les petits enfants ?

una lupa

une loupe

un parque

un parc

una pluma estilográfica

un stylo-plume

un cochecito de niños

une poussette

Dans quoi promène-t-on les bébés quand ils sont tout petits ?

Dans quoi assoit-on bébé pour lui donner à manger ?

un coche de niño

un landau

una cuna

un lit de bébé

un moisés

un couffin

una mecedora

un relax

Dans quoi verse-t-on le lait pour donner à manger au bébé ?

Que met-on aux bébés, plusieurs fois par jour, pour qu'ils soient bien au sec ?

un móvil

un mobile

un pañal

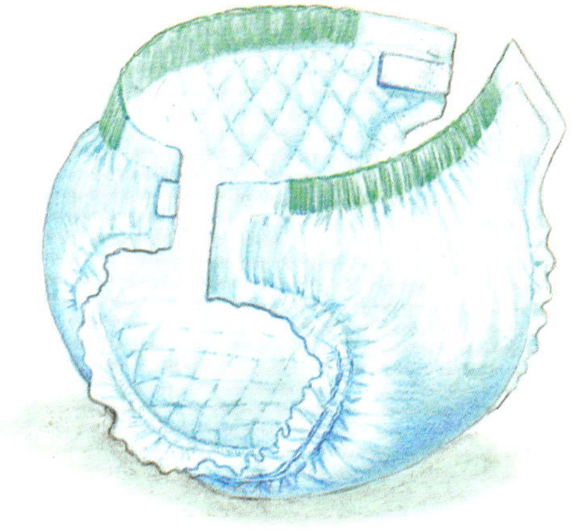

une couche

un biberón

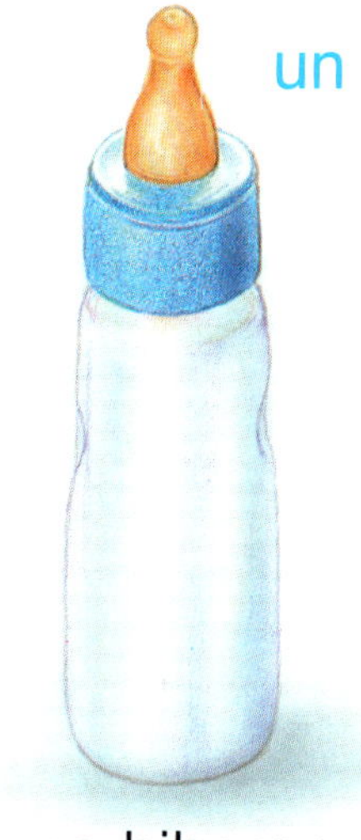

un biberon

una camiseta

une brassière

Que met-on au bébé pour protéger ses vêtements, quand il mange ?

Que portent les filles la nuit pour dormir ?

un babero

une serviette de bébé

botitas

des chaussons de bébé

una ranita

un pyjama de bébé

une chemise de nuit

un camisón

Que portent les garçons pour dormir ?

Quelle est la couleur de la robe ?

una bata

une robe de chambre

un vestido

une robe

un pijama

un pyjama

un pantalon

un pantalón

Que porte-t-on pour faire du sport ?

En hiver, quand il fait froid, que met-on pour sortir ?

una falda

une jupe

un abrigo

un manteau

un peto

une salopette

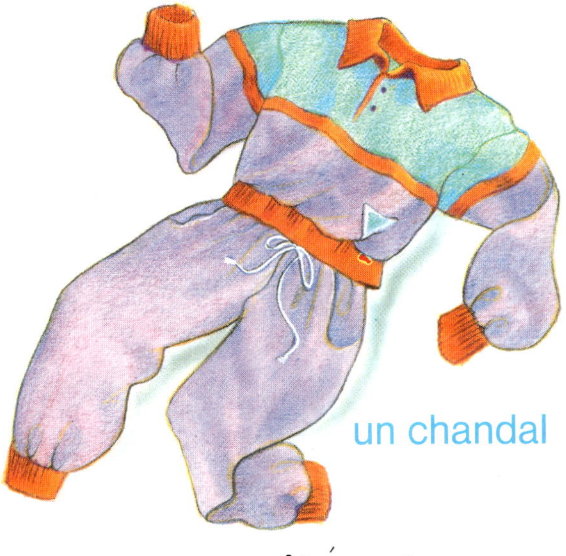

un chandal

un survêtement

S'il fait frais, que met-on par-dessus sa chemise ?

Aux sports d'hiver, sous la neige, que met-on pour avoir bien chaud ?

una jersey

un pull-over

una cazadora

un blouson

una chaqueta

un gilet

un anorak

un anorak

Que portent les petites filles sous leur jupe et les petits garçons sous leur pantalon ?

A la piscine ou au bord de la mer, que porte-t-on pour se baigner ?

un calzón

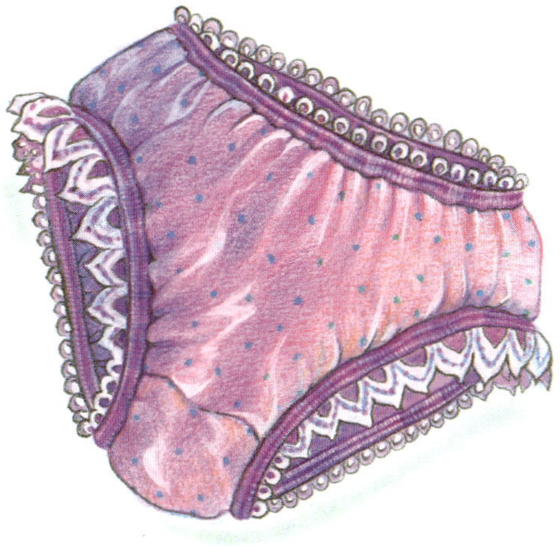

une culotte

un short

un short

un calzoncillo

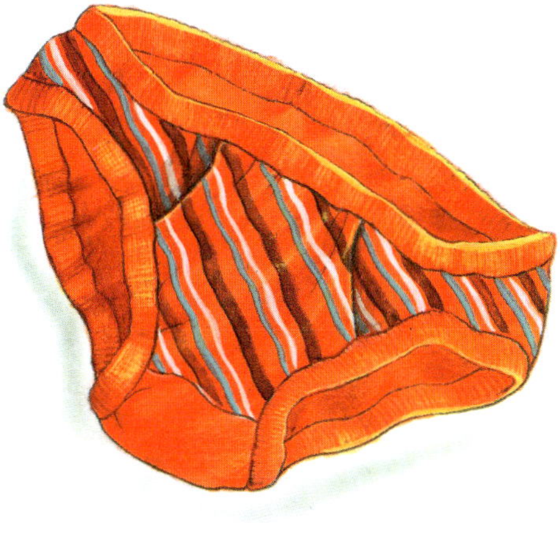

un slip

un bañador

un maillot de bains

Quand il pleut, que porte-t-on pour ne pas être mouillé ?

Qu'enfile-t-on à ses pieds avant de mettre ses chaussures ?

una camiseta

un tee-shirt

un impermeable

un imperméable

una camisa

une chemise

calcetines

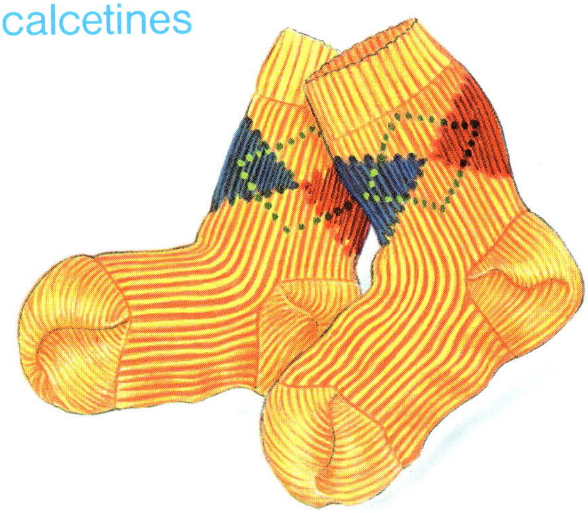

des chaussettes

Que met-on sur sa tête et autour de son cou quand il fait froid ?

Que met-on à ses mains pour se protéger du froid ?

un bonnet

un gorro

une écharpe

una bufanda

un pasamontañas

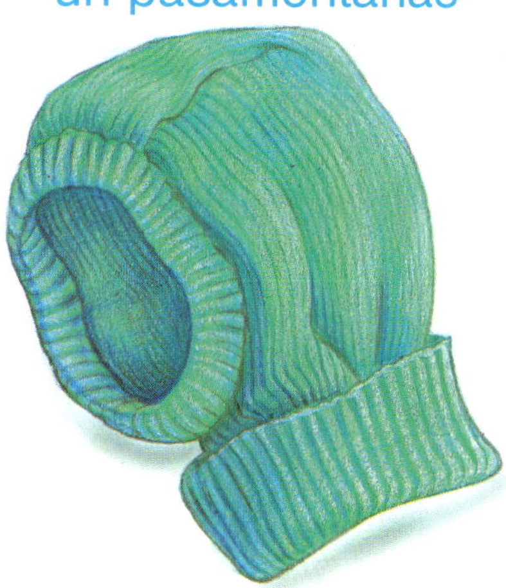

une cagoule

guantes

manoplas

des gants

des moufles

un leotardo

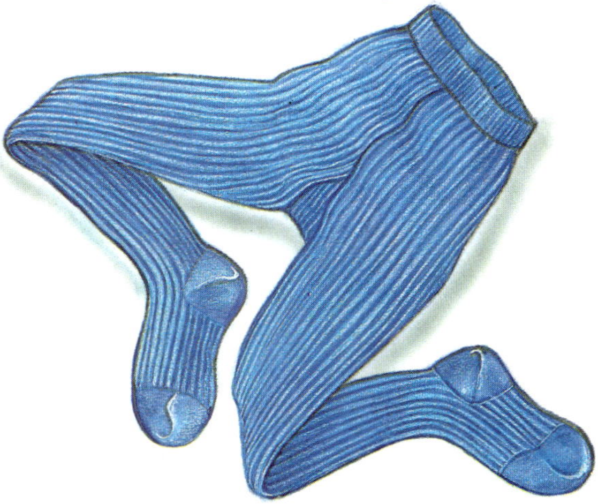

un collant de laine

Que met-on à ses pieds quand on est dans la maison ?

S'il pleut, que met-on à ses pieds pour marcher dans les flaques d'eau ?

zapatillas de deporte

des baskets

botas para la lluvia

des bottes

zapatillas

des chaussons

zapatos

des chaussures

Pour bien tenir le pantalon, que porte-t-on ?

Qu'emporte-t-on dans sa poche quand on est enrhumé ?

una gorra

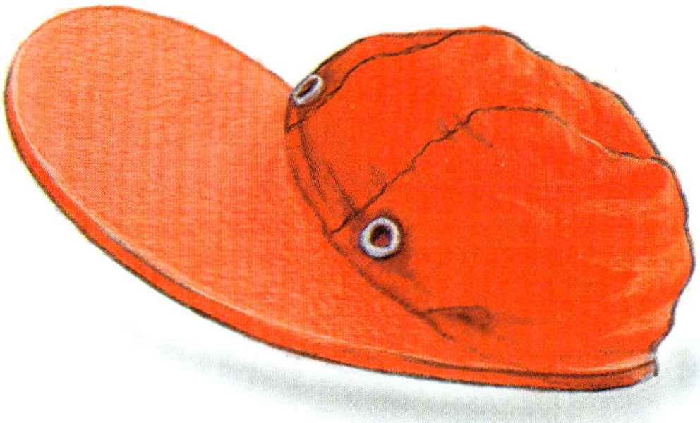

une casquette

un pañuelo

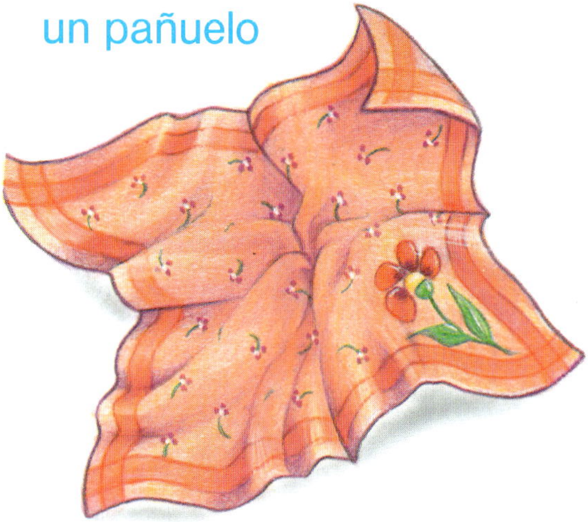

un mouchoir

tirantes

des bretelles

un cinturón

une ceinture

# Dans le parc

Amusons-nous à retrouver le plus de choses possible

Quel bijou porte-t-on autour du cou ?

Que met-on dans le magnétophone pour écouter de la musique ?

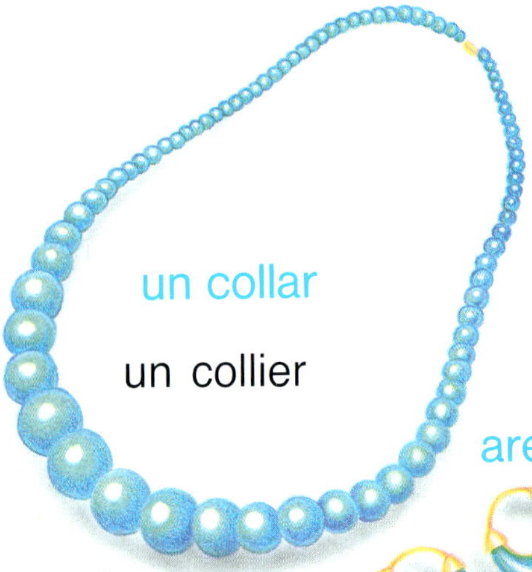

un collar

un collier

aretes

des boucles d'oreilles

una alianza

un anillo

une alliance

une bague

pulseras

des bracelets

una cinta

une cassette

Que peut-on emporter avec soi pour écouter de la musique tout en se promenant ?

Dans quel appareil met-on les cassettes pour entendre de la musique ?

un disco

un disque

un disco láser

un disque laser

un equipo estereofónico

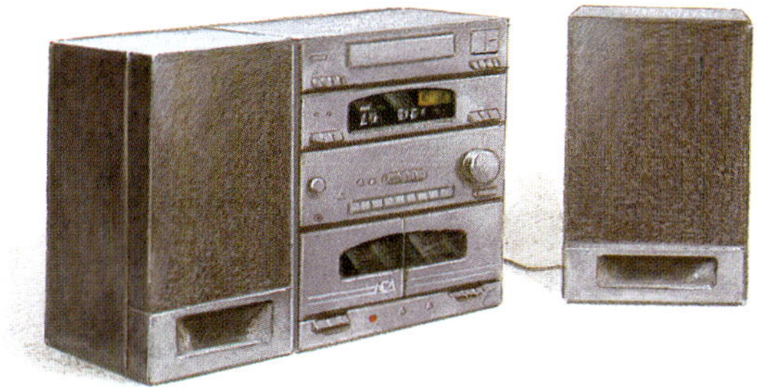

une chaîne hi-fi

un walkman

un baladeur

un radiocasete

une radiocassette

Avec quel appareil peut-on filmer de belles choses ?

Pour faire des photos, que doit-on utiliser ?

una cámara de vídeo

une caméra

una cámara fotográfica

un appareil-photo

un vídeo

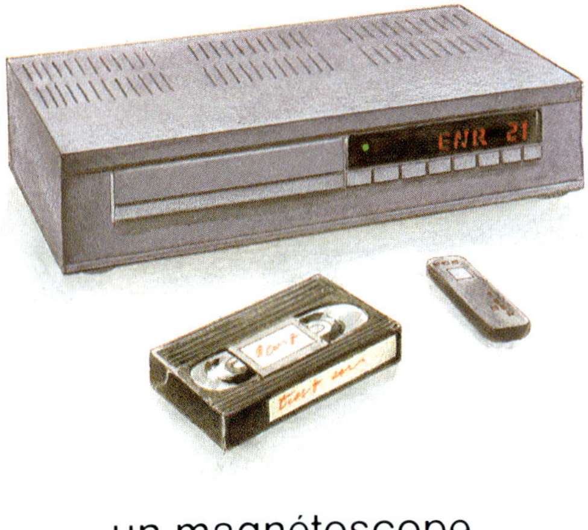


un magnétoscope

un ordenador

un ordinateur

Grâce à quel appareil peut-on voir les dessins animés ?

Quand on ne sait pas nager, que doit-on prendre pour aller dans l'eau ?

una máquina de escribir

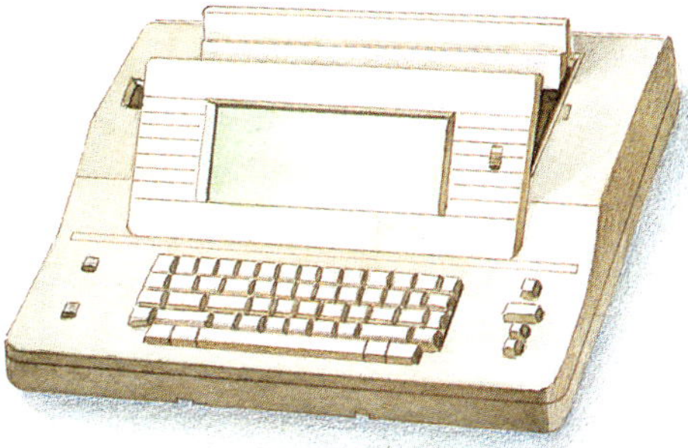

une machine à écrire

una sombrilla

un parasol

un televisor

un poste de télévision

un flotador

une bouée

Que met-on à ses pieds pour glisser sur la neige ? Et sur la glace ?

Que prend-on pour monter tout en haut de la montagne sans marcher ?

des bâtons de ski

bastones de esquí

esquíes

des skis

un trineo

une luge

un teleférico

un téléphérique

patines de hielo

des patins

Qu'utilise-t-on pour jouer au tennis ?

Avec quoi pêche-t-on les poissons dans la rivière ?

des raquettes de ping-pong

raquetas de ping-pong

une balle de ping-pong

una pelota de ping-pong

un tienda de campaña

une tente de camping

una pelota de tenis

une balle de tennis

una raqueta de tenis

une raquette de tennis

una caña de pescar

une canne à pêche

Qu'est-ce qui avance sur l'eau grâce à la force du vent ?

Sur quels bateaux se déplace-t-on avec des rames ?

una tabla de windsurfing

une planche à voile

un bote neumático

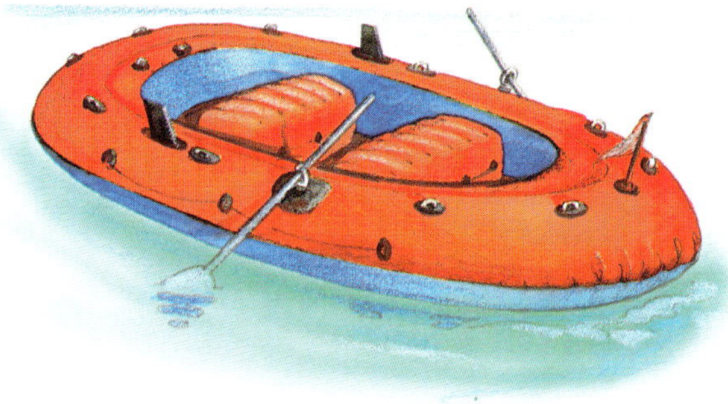

un canot pneumatique

un velero

un voilier

remos

des rames

una barca

une barque

Grâce à quoi peut-on voler dans les airs comme un oiseau ?

Quand on veut voir quelque chose qui est très loin, que doit-on utiliser ?

un paracaídas

un parachute

una mochila

un sac à dos

un delta planeador

un delta-plane

prismáticos

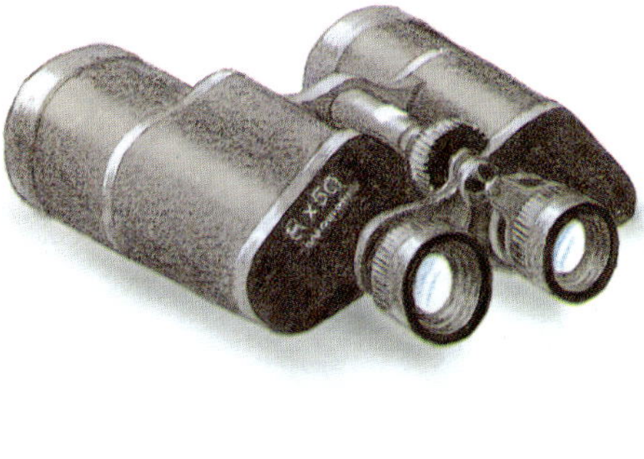

des jumelles

Quels sont les instruments qui possèdent des cordes avec lesquelles on peut faire de la musique ?

Quel instrument possède un clavier avec des touches blanches et noires ?

un violín

un arco

un archet un violon

un órgano electrónico

un orgue électronique

una guitarra

une guitare

un xilófono

un xylophone

Quels instruments font de la musique quand on souffle dedans ?

De quel outil se sert-on pour retourner la terre du jardin ?

una pandereta

un tambourin

una trompeta

une trompette

una flauta

une flûte

una laya

une bêche

Dans quoi transporte-t-on la terre du jardin ?

Quand l'herbe est haute, quelle machine utilise-t-on pour la couper ?

un rastrillo

un râteau

una cortacésped

une tondeuse

una carretilla

une brouette

tijeras para podar

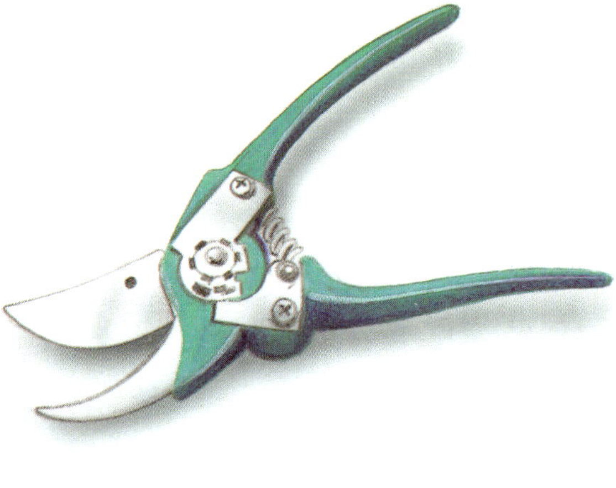

un sécateur

Dans quoi transporte-t-on l'eau pour arroser les légumes ?

De quel outil se sert-on pour arracher les clous ?

una regadera

un arrosoir

una pinza

une pince

un martillo

un marteau

tenazas

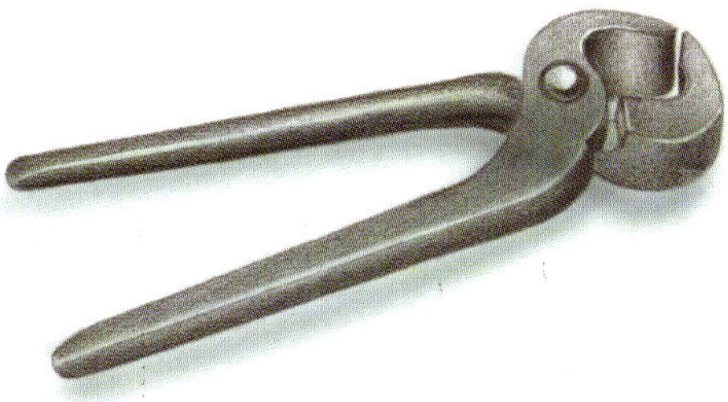

des tenailles

Qu'est-ce qui permet d'enfoncer les vis ?

Avec quelle machine électrique peut-on faire des trous dans le mur ?

un destornillador

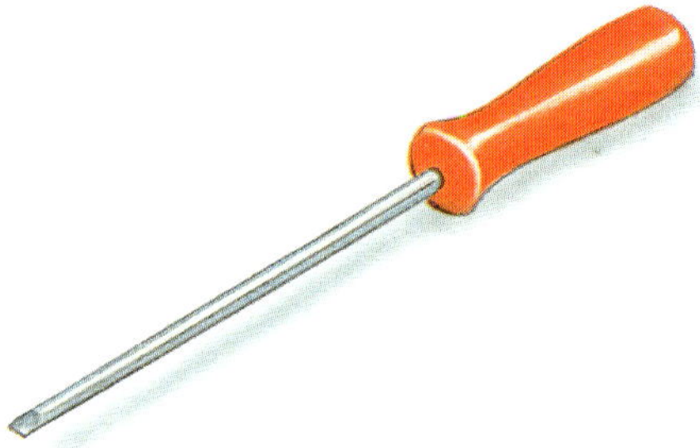

un tournevis

un clavo
un clou

un tornillo
une vis

una tuerca

un écrou

una barrena

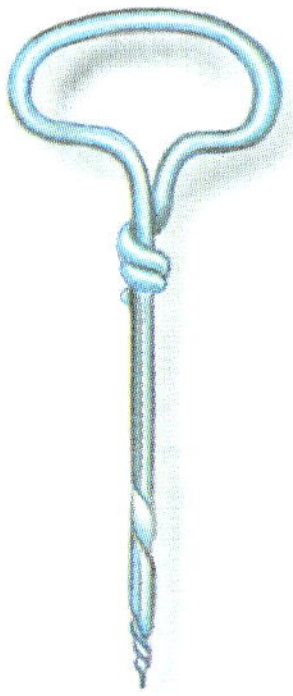

une vrille

una taladradora

une perceuse

Avec quels outils peut-on couper du bois ?

De quoi se sert-on pour connaître la dimension d'un objet ?

un serrucho

une scie

una cinta métrica

un mètre-ruban

un hacha

une hache

un nivel

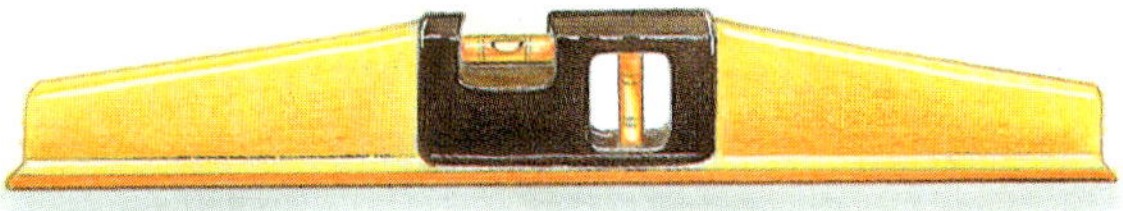

un niveau

Pour coudre un bouton sur un vêtement, que doit utiliser maman ?

Qu'est-ce qu'on utilise pour couper le papier ou le tissu ?

una bobina de hilo

une bobine de fil

una aguja

une aiguille

un imperdible

une épingle de sûreté

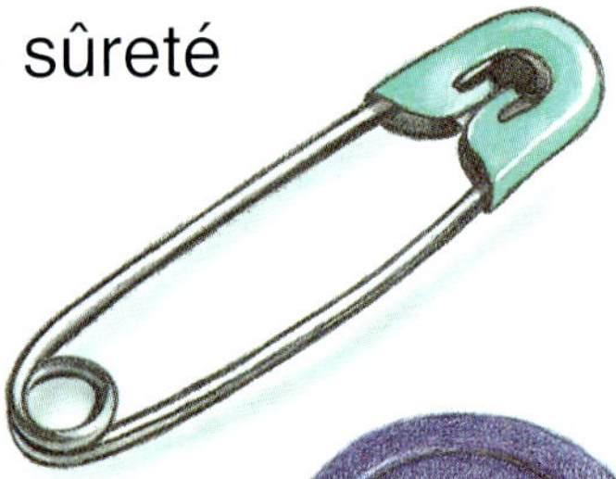

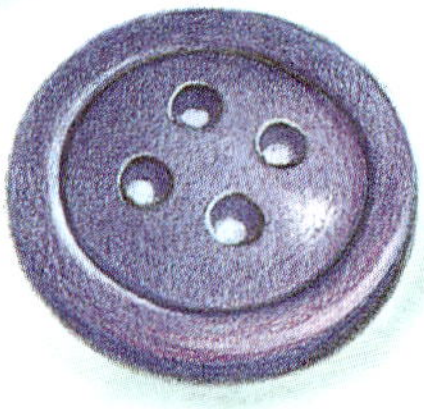

un botón

un bouton

un par de tijeras

une paire de ciseaux

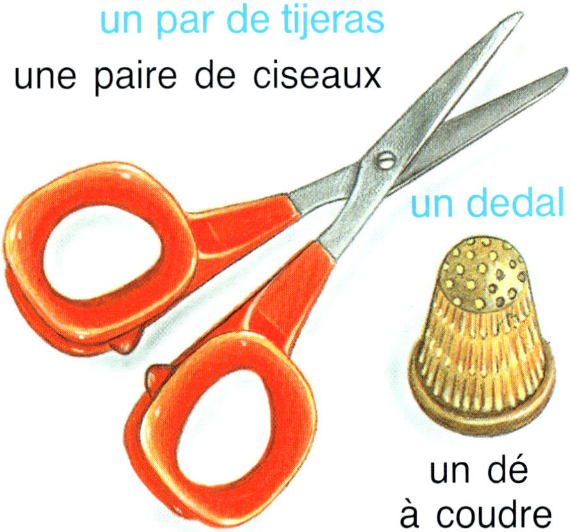

un dedal

un dé à coudre

un cierre relámpago

une fermeture à glissière

De quoi maman a-t-elle besoin pour faire un beau pull-over ?

De quelle couleur doit être le feu pour que l'on puisse traverser la route ?

une pelote de laine
una madeja de lana

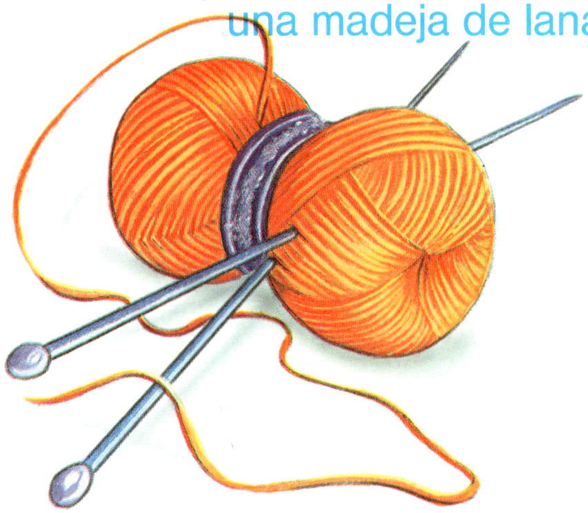

des aiguilles à tricoter
agujas de hacer punto

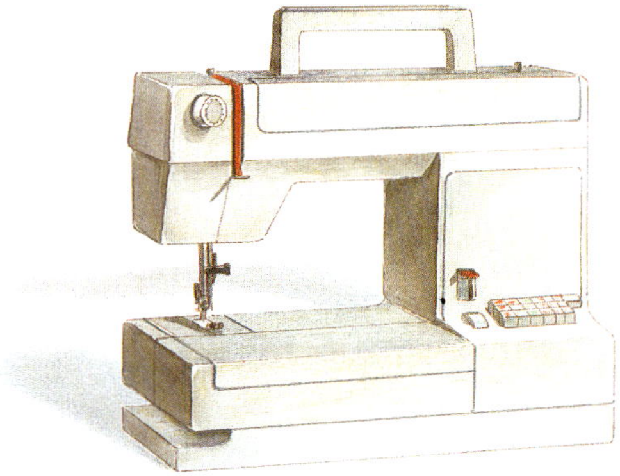

una máquina de coser
une machine à coudre

un cañamazo

un canevas

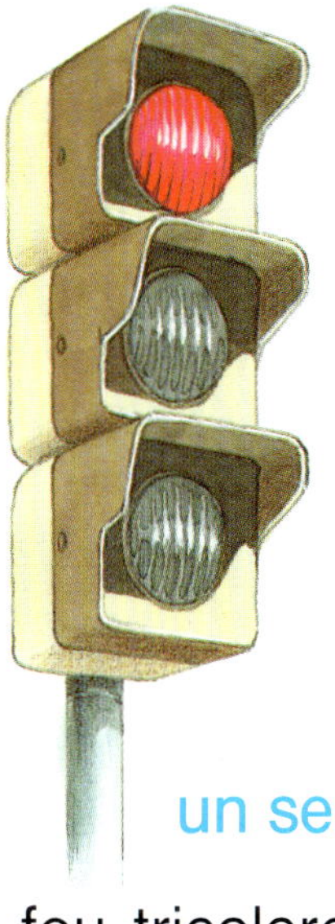

un semáforo
un feu tricolore

Dans quel véhicule peut-on promener beaucoup de monde en même temps ?

Quel est le camion qui peut transporter de l'essence ?

un coche

une voiture

un camión

un camion

un autocar

un autocar

un camión cisterna

un camion-citerne

Quand on est grand, sur quoi peut-on pédaler, après avoir appris sur un tricycle ?

Que doit-on mettre sur la tête lorsque l'on monte sur une moto ?

una bicicleta

une bicyclette

un casco

un casque

una moto

une moto

un velomotor

un vélomoteur

Avec quoi gonfle-t-on les pneus de la bicyclette ?

Avec quoi soulève-t-on ce qui est très lourd pour construire les immeubles ?

una bomba de bicicleta

une pompe à vélo

una grúa

une grue

un neumático

un pneu

una pala mecánica

une pelle mécanique

Avec quelle machine l'agriculteur coupe-t-il le blé ?

Qu'est-ce que l'on peut accrocher derrière la voiture pour partir en vacances ?

un bulldozer

un bulldozer

una caravana

une caravane

una segadora desgranadora

une moissonneuse-batteuse

un tractor

un tracteur

Qu'est-ce qui va très vite et qui roule sur des rails ?

Qu'est-ce qui vole très haut dans le ciel et qui emporte beaucoup de voyageurs ?

un tren

un train

un helicóptero

un hélicoptère

un barco

un bateau

un avión

un avion

Dans quoi partent les hommes pour aller vers la Lune ?

Qu'est-ce qui brille dans le ciel quand il fait nuit ?

un cohete

une fusée

el sol

le soleil

una nave espacial

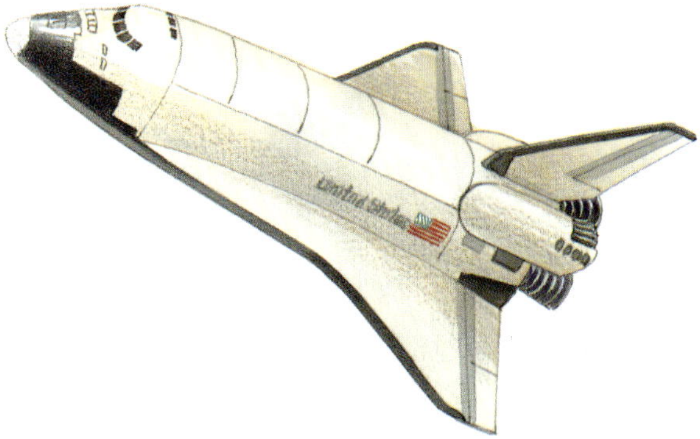

une navette spatiale

las estrellas

des étoiles

la luna

la lune

BRUNO LE SOURD

# Les transports

Amusons-nous à retrouver
le plus de choses possible

Après la pluie, quand le soleil revient, qu'est-ce qu'on peut voir dans le ciel ?

Qu'est-ce qui apparaît sur les branches des arbres quand le printemps revient ?

un arc-en-ciel

un árbol

un arbre

una fogata

un feu

une branche d'arbre
una rama del árbol

En automne, qu'est-ce qui se cache dans une coque très piquante ?

Qu'est-ce qui a le même nom qu'un fruit, mais qui ne se mange pas ?

castañas

des châtaignes

castañas

des marrons

una piña

une pomme de pin

bellotas

des glands

Qu'est-ce que l'on met souvent sur les tables à Noël et qui est très piquant ?

De quelle couleur est la fleur de la jonquille ?

una rosa

une rose

un aciano

un bleuet

acebo

du houx

un junquillo

une jonquille

Quelle est la fleur rouge que l'on trouve souvent au bord des routes en été ?

Avec quelle fleur joue-t-on à je t'aime... un peu... beaucoup...?

una amapola

un coquelicot

una margarita

une marguerite

un botón de oro

un bouton d'or

un tulipán

une tulipe

Quelles sont les fleurs que l'on achète souvent pour faire un beau balcon ?

Quelle est la première fleur qui apparaît au printemps ?

una petunia

un pétunia

un geranio

un géranium

una prímula

une primevère

un clavel

un œillet

Quelle est la couleur de la pensée ?

Quelle fleur trouve-t-on souvent au milieu du gazon ?

una anémona

une anémone

una capuchina

une capucine

une pensée
un pensamiento

margaritas

des pâquerettes

Quelle est la fleur qui porte bonheur et que l'on offre au 1er Mai ?

Quelle est la fleur jaune qui fleurit en hiver ?

violetas

des violettes

una rama de mimosa

une branche de mimosa

una ramita de muguete

un brin de muguet

un jacinto

une jacinthe

Quelle est la plante qui est recouverte de piquants et qui n'a pas besoin d'eau ?

Quel est l'oiseau qui est souvent sur un perchoir et qui parle beaucoup ?

un lirio

un iris

un cardo

un chardon

un cactus

un cactus

un loro

un perroquet

Quel est l'oiseau qui chante dès le lever du soleil ?

Quel oiseau fait souvent son nid sous les toits ?

un cuervo

un corbeau

un gorrión

un moineau

un mirlo

un merle

una golondrina

une hirondelle

De quel oiseau dit-on qu'il est bavard ?

Quel est l'oiseau qui a une belle tache rouge sous le bec ?

una urraca

une pie

un petirrojo

un rouge-gorge

una gaviota

une mouette

una paloma

un pigeon

Quel est l'oiseau qui dort le jour et se réveille la nuit ?

Quel est l'animal qui n'a pas de pattes pour se déplacer ?

un águila

un aigle

un cocodrilo

un crocodile

un búho

un hibou

una serpiente

un serpent

Quelle différence y a-t-il entre un chameau et un dromadaire ?

Quel animal adore manger du miel et des poissons ?

un camello

un chameau

un oso

un ours

un panda
un oso panda

un dromedario

un dromadaire

Quel est l'animal qui adore faire des grimaces ?

Quel animal appelle-t-on le roi de la forêt ?

una pantera

une panthère

un león

un lion

un tigre

un tigre

un mono

un singe

Quel animal a quatre pattes et un très long cou ?

Quel est le plus lourd des animaux, qui a quatre pattes et de grandes défenses blanches ?

una jirafa

une girafe

un elefante

un éléphant

un hipopótamo

un hippopotame

un rinoceronte

un rhinocéros

Quel animal possède une poche sur le ventre pour transporter son bébé ?

Quel est l'animal qui ressemble à un cheval en pyjama à rayures ?

un canguro

un kangourou

una gacela

une gazelle

una cebra

un zèbre

un avestruz

une autruche

Quel est le gros poisson très gentil que l'on voit souvent jouer avec des ballons ?

Quel est l'animal qui vit dans l'eau et qui est plus gros et plus lourd qu'un camion ?

un pingüino

un pingouin

una ballena

une baleine

un delfín

un dauphin

una foca

un phoque

Quels sont les animaux qui ont des pinces au bout des pattes et qui se déplacent au fond de l'eau ?

Que peut-on pêcher avec une épuisette au bord de la mer ?

un bogavante

un homard

un camarón

une crevette

un cangrejo

un crabe

un cisne

un cygne

Quel oiseau fait son nid sur le haut des cheminées, en Alsace ?

Quel est l'animal qui fait des barrages sur la rivière ?

una cigüeña

une cigogne

un castor

un castor

una rana

une grenouille

una cobaya
(conejillo de Indias)

un cobaye (cochon d'Inde)

Quel est l'animal qui adore grignoter le gruyère et le pain ?

Quel animal adore sortir sous la pluie et porte une coquille sur son dos ?

un ratón

une souris

un caracol

un escargot

una babosa

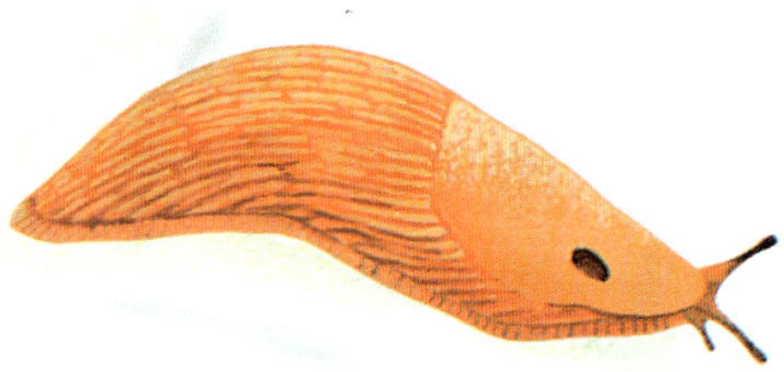

une limace

una tortuga

une tortue

Quel animal adore se chauffer au soleil sur de vieilles pierres ?

Quel animal appelle-t-on aussi « bête à bon Dieu » et que l'on peut apercevoir surtout en été ?

una lombriz

un ver de terre

un saltamontes

une sauterelle

una lagartija

un lézard

una mariquita

une coccinelle

Quel est l'animal qui, avant de voler et de devenir grand, est une chenille ?

Quel est l'insecte qui fait du bruit en volant et qui pique souvent ?

una hormiga

une fourmi

una mosca

une mouche

una mariposa

un papillon

un mosquito

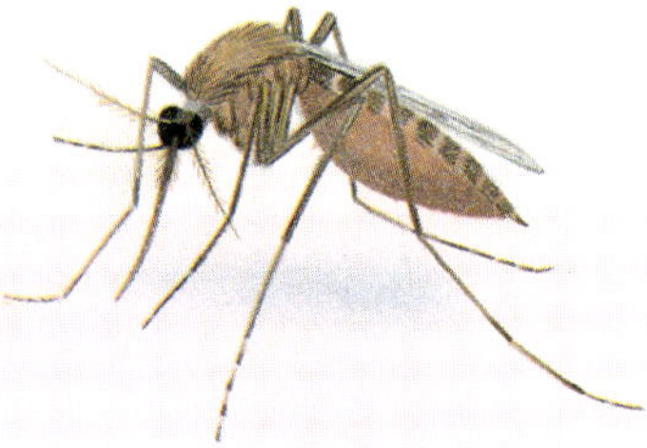

un moustique

Quel est l'insecte qui habite dans une ruche et qui donne du miel ?

Quel insecte tisse une toile pour attraper d'autres insectes afin de les manger ?

una avispa

une guêpe

una araña

une araignée

una colmena
une ruche

una abeja
une abeille

una libélula
une libellule

Quel animal se transforme en un beau papillon quand il devient grand ?

Quel animal adore manger des noisettes ?

una oruga

une chenille

una ardilla

un écureuil

una liebre

un lièvre

un erizo

un hérisson

Comment s'appellent les parents du petit faon ?

De quel animal dit-on qu'il est très rusé ?

un cervatillo

un faon

una cierva

une biche

un ciervo

un cerf

un zorro

un renard

Quel est l'animal qui ressemble à un chien, mais qui vit dans la forêt et qui fait « hou » ?

Quel est l'animal qui dort dans une niche et qui adore manger les os ?

un lobo

un loup

un gato

un chat

un jabalí

un sanglier

una caseta

une niche

un perro

un chien

un hueso

un os

De quel animal dit-on qu'il est têtu et sur le dos duquel on peut se promener ?

Quels sont les animaux qui aiment bien barboter dans la mare ?

un burro

un âne

una pata

une cane

un patito

un caneton

un conejo

un lapin

un pato

un canard

Quel est le petit de la poule et du coq ?

Quel animal chante tôt le matin et réveille la ferme ?

un ganso

une oie

una gallina

un polluelo

une poule

un poussin

un pavo

un dindon

un gallo

un coq

Quels sont les animaux qui donnent du lait ?

Quel animal est recouvert d'une belle peau rose, mais que l'on voit souvent recouvert de boue ?

una cabra

une chèvre

una vaca

une vache

un veau

un ternero

un cerdo

un cochon

un toro

un taureau

Grâce à quel animal peut-on avoir de bons gros pulls en laine ?

una oveja

un mouton

un cordero

un agneau

un caballo

un cheval

un potrillo

un poulain

## CLASSEMENT PAR THÈMES



## DES MOTS MIS EN SCÈNE

## LISTE ALPHABÉTIQUE